오명규 시선집(6)

인간의 본질적 문제를 진솔하게 노래한
오명규 시인의 마음 밭 읽기

연대시 인생 12 진법
(人生 12 陳法)

◆ 서시

종소리

카시어페이와 북두칠성
그 중간쯤에 고리 하나 걸어놓고
우주를 울리는 종은 없는가
기나긴 인고의 밤 넘어
긴 잠에서 눈 비비며 다가오는 새날
오색빛 하늘을 열고
영혼들이 눈을 뜨는
세상을 울리는 종은 없는가

종이여 울리거라
가난 없고 아픔 없고 다름 없는
종이여 울리거라
가슴 속 고인 눈물
은하수로 씻어내고
소매 끝에 맺힌 한숨
수미산 마파람에 털어내고
시방세계 어둠을 불사르는
크낙한 빛이 되어
종이여 울리거라

차례

서시 | 종소리   7

I 인생 12 진법

✦ 군소리 ·· 15

1. 너와 나에 관하여 ·· 19
2. 사랑에 관하여 ·· 27
3. 죽음에 관하여 ·· 33
4. 고독에 관하여 ·· 43
5. 선과 악에 관하여 ·· 55
6. 역사에 관하여 ·· 65
7. 교육에 관하여 ·· 73
8. 말에 관하여 ·· 79
9. 아름다움에 관하여 ·· 85
10. 마음에 관하여 ·· 93
11. 신뢰에 관하여 ·· 103
12. 후회에 관하여 ·· 111

II 사색의 오솔길

하늘의 초침 소리 119
피읖 삐새 120
제자리 121
지금 우리는 어디쯤 가고 있는가 122
시간은 지우개 123
건널 수 없는 강 124
한 알의 먼지 125
절대자유 126
어제인 듯 오늘인 듯 127
현실과 상상 사이 128
바람 부는 날 129
혼잣말 130
한 장의 메모지 131
당신과 나 사이 132
절대시간 133
혼자서 가는 길 134
꽃잎 같은 그대 그림자 135
백아절현 136
색즉시공 137
이파리에 머무는 바람에게 138
지구는 돌고 있다 139
하늘 꽃 140

미안합니다	141
그리움 하나	142
이승 저쪽의 말	143
산음	144
부싯돌	145
저녁 한 때	146
영원과 순간	147
빙하기의 꽃	148
거울 앞에서	149
단상	150
징후 또는 예감	151
잊으라	152
제3인간	153
손금	154
예술은	156
내 마음 흔들릴 때	157
파도의 말	158
보이지 않는 길	160

Ⅲ 세속풍경

껍데기	163
가면	164

새들도 반말을 한다 166
죽어 있는 말 167
전화 168
작가 169
도시비상 170
양귀비 꽃 171
빈자리 172
윤리의 성 173
송판 이야기 174
늙음은 죄가 아니지 않느냐 175
이명 176
윤리의 성 177
헛살이 178
화장 179
야생화 180
바람 181
칠산 낙조 182
단상 183
교과서 184
고독을 앓고 있는 마을 185
구수회의 186
길을 가다가 187
코스모스 188
불청객 189
어느 가을날 190
귀 하나 열어놓고 191

접소새 ·· 192
파도의 말 ······································ 193
빗소리 ·· 194
어른은 어린이의 아버지 ················· 195
담배꽁초 ······································ 196
시엄씨 밑닦개 ······························· 197
다름 아니다 ·································· 198
내 가슴 속에 살아 있는 사람들 ······ 199
흘리거라 ······································ 200
찢어진 깃발 ·································· 201
그가 보인다 ·································· 202
낙엽에 관하여 ······························· 203
잡초 ··· 204

I
인생 12 진법

군소리

●

우주 나이 135억 년 지구 나이 45억 년
은하계의 강물 따라 흘러온 세월
나는 누구인가
나는 어디서 왔는가?
수없이 되풀이 되는 물음 앞에
시인은 고독하다
시간 속에서 태어나
시간 속에서 살다가
시간 속으로 사라지는 이여
그대는 한 줌의 흙
한 줌의 낙엽, 티끌
석양녘 갈대 숲 지나가는 한 줌 바람이던가
나는 그대에게 묻노니
우리가 사는 이 땅은 과연
하늘이 주신 축복의 땅인가
누가 버리고 간 불모의 땅인가
날이 새면 다섯 바다 여섯 뭍 들녘 골짜기마다
짐승의 울부짖음 소리 풀과 나무가 떨고
창검 부딪는 소리 하늘을 찌르는구나
이제 산과 강과 들은 빛을 잃고
꽃 한송이 새 한 마리 날지 않는
모두가 하나 둘 떠나가는 거리에서
어떻게 사느냐 하는 물음 앞에
우리는 겸손할 일이다

너와 나에 관하여

내가 있는 곳엔
언제나 네가 있었네
모든 것이 시작엔 내가 있었네
모든 것의 중심엔 네가 있었네

1)

태초에 우주는 카오스의 시대가 있었다네
빛도 그림자도 없는 세상
선도 악도 없는 세상
사랑도 미움도 없는 세상
너도 나도 없는 세상이 있었다네
그 때엔 모든 것은
하나였다네
허도 실도
유도 무도
찰나도 영원도 없는
지극히 고요하고 평온한 세상이 있었다네

2)

본시 우리는 하나였다네
둘이 아니라 하나였다네
그 하나가 둘이 되었을 때
하늘과 땅은 갈라지고
밤과 낮이 열리고
만유는 존재의 눈을 뜨고
자아의 홀씨들이
산과 들을 덮으니
경이로워라 그게 바로 너와 나라네

너와 나에 관하여

3)
너와 나가 있어
눈 덮인 들녘에 봄의 생명 불어 넣고
새 세상 열리고
밤하늘 성좌들이 은하의 강 이루듯
너와 나가 있어
회색빛 들녘에
청옥 빛 하늘을 연다네

4)
한생을 내 마음 추슬러도
너와 나 사이엔 건널 수 없는 강이 있다네
끝이 보이지 않는 터널이 있다네
숱한 세월 만파식적 피리 불며
그대 가까이 다가가도
나는 그대를 만날 수 없다네
히말라야 산정 햇빛 머무는 암석 사이
나는 한 송이 꽃을 꿈꾸지만
나는 꽃이 될 수 없다네
나는 무한 허공 은빛 날개 파닥이는
하늘새가 되고 싶지만
나는 날 수가 없다네

너와 나에 관하여

5)
상현달 은빛 타고
밀물처럼 다가가도
나는 네가 될 수 없다네
너는 내가 될 수 없다네
너와 나의 간극
그 아득한 거리에서
한세월 너와 나는
장밋빛 사랑을 노래하고
무지갯빛 꿈을 이야기 한다네

6)
그대여
이파리 하나
돌멩이 하나의 의미를
새겨 볼 일이다
이파리 하나 모여
여름날 눈부신 생명의 숲 이루고
돌멩이 하나 모여
마천루의 성벽 주춧돌이 되네
하나가 만나
하나가 되면
꿈속에서 본 새 세상 열린다네

너와 나에 관하여

7)
나는 밤마다 꿈을 꾼다네
천리 푸른 들녘
너는 꽃이 되고 나는 나비가 되는
꿈을 꾼다네
나는 무한 허공이 되고
너는 은하계의 별이 되는
꿈을 꾼다네
하늘을 보면 하늘이 되고
별을 보면 별이 되고
구름을 보면 구름이 되는
꿈을 꾼다네

8)
그대는 깊은 밤
가슴 속 깊은 곳에서 흘러나오는
영혼의 피리소리 들어본 적 있는가
우리들 소중한 것
꿈과 사랑 아니던가
그 사랑 아니던가
그 사랑 다 살라도
하나 되기 어렵다네
은하의 별보다 많은
자아의 홀씨들
하나 되기 어렵다네

너와 나에 관하여

9)
내가 있는 곳엔
언제나 네가 있었네
모든 것이 시작엔 내가 있었네
모든 것의 중심엔 네가 있었네
아침이면 산마루 구름 몇 점 길 떠나고
저녁에 지는 해는 산과 강에 불을 지피네
너와 나는 의식의 바다에 떠도는
한 이파리 조각배
그것이 바로 너와 나라네

10)
하나 되기
꿈꾸기
하나 되기
사랑하기
하나 되기
기도하기
하나 되기
예술 하기
나는 밤마다 꿈을 꾼다네
하나 되기 꿈을 꾼다네

사랑에
관하여

사랑은 마음이지요
마음 속 깊은 곳에서만
그 모습을 드러냅니다
사랑은 시간이지요
시간 위에 일고 지는 그림자이지요

1)

이 세상엔 한강변의 모래알만큼이나 많은 낱말이 있습니다
그 중에서도 내가 여지껏 살아오면서
아직 숙지하지 못한 낱말 하나 있습니다
그것은 사랑입니다
나와 내 이웃들은 열심히 사랑을 이야기 하지만
나는 아직도 사랑의 모습도 빛깔도
잘 모릅니다

2)

어느 날 당신은 사랑이란 이름으로
내 창을 두드렸습니다
거대한 어둠의 문을 열고 새벽 여명처럼 찾아 왔습니다
꽃샘추위 달래는 담장 밑의 3월의 햇살처럼
목 타는 들녘에 흩뿌리는 소낙비 같은 몸짓으로
나에게 다가왔습니다
당신의 말씀은 꽃이 되고 새가 되고 하늘이 되었습니다
내 마음 밭에 일곱 빛 무지개가 되어
세월의 강을 수놓았습니다

3)

세상엔
들과 산에 들꽃처럼 피어 있는
사랑이 있어 아름답습니다
그 꽃은 육신의 눈으로는 볼 수가 없습니다
육신의 귀로는 들을 수가 없습니다
하늘에 닿는 기도와 긴 기다림으로 다듬어진
수정같은 마음의 눈으로만 볼 수 있습니다

4)

사랑은 마음이지요
사랑은 마음 속 깊은 곳에서만
그 모습을 드러냅니다
사랑은 느낌이지요
사랑은 마음 속 공간 위에서만 그 색깔이 보입니다
사랑은 시간이지요
사간 위에 일고지는 그림자지요

5)

사랑을 노래하는 이여
사랑은 메마른 들녘을 적시는 단비가 되었다가
폭풍 몰아치는 파도가 되고
산과 들을 뒤덮는 해일이 되기도 합니다
사랑은 긴 밤 어둠을 불사르는 횃불이 되고
때로는 활화산 용광로가 되어 하늘과 땅을 흔든다네

6)

 사랑이 신이 인간에게 내린 마지막 축복이라면
 한참 넘어선 말씀인가요
 세상엔 사랑이 들꽃처럼 피어 있어 아름답습니다
 갑남을녀 선남선녀의 폭죽 같은 사랑이 있어 아름답습니다
 석가 예수 공자의 하늘 끝을 넘나드는 사랑이 있어 아름답습니다
 그러나 사랑으로 가는 길은 낙타가 바늘구멍을 지나고
 뭉게구름이 태산을 넘듯 어렵다네

7)

 사랑은 야삼경 달빛 타고
 내 창가에 매화꽃 한 송이 그림자 드리우듯
 소리 없이 다가오고
 빌딩 숲 지나는 낮달처럼
 어느날 총총히 그대 곁을 떠난다네
 사랑은 그대 마음 밭에 피고지는
 불가사의 꽃이라네

8)

사랑은 받는 것이 아니라
주는 것이란 말
사랑은 내가 된다는 말이 아니라 네가 된다는 말이
비그야나 바이야나 탄트라처럼
난해한 말이던가
가슴을 비우면 둘이 하나 되고 하나가 열이 된다는 말
빈 말이 아니라네

9)

이 세상에 영원이 존재하는가
영원한 사랑을 노래하고 싶으면
순간 순간을 구슬을 꿰듯 엮어 볼 일이다
사랑을 노래하는 이여
사랑은 구름 따라 길 떠나는 나그네와 같은 것
사랑은 오뉴월 소낙비처럼 왔다가
늦가을 낙엽처럼 떠나가네

죽음에 관하여

들녘 이파리 하나 낙엽 되어
시간의 강 따라
길을 떠날 때
그대는 그것을 이별이라 하는가

1)

그대여
우리에겐 다시 올 수 없는
길이 있다네
한번 가면 다시 만날 수 없는
길이 있다네
사람들은 그것을 천당이라고도 하고
지옥이라 한다네
미지의 바다
영원한 유체이탈의 공간
그것이 우리가 가야 할
세상이라네

2)

존재의 시작이 탄생이라면
존재의 끝은 어디인가
경계 저쪽으로 떠나간 뒤
굳게 닫힌
비밀의 문을 열고
그곳을 다녀온 이는
아마도 없다네
석가도 예수도
장자도 소크라테스도
돌아오지 않았다네

죽음에 관하여

3)

한 개 유성이 허공에 빛살을 그으며
우주를 떠날 때
들녘 이파리 하나 낙엽 되어
시간의 강 따라
길을 떠날 때
그대는 그것을 이별이라 하는가
어느 날 웃뜸 박노인도
아랫뜸 김처사도 길을 떠났다네

4)

은하 건너 어디쯤에
언제인가 우리가 가야 할
신비의 길이 있다네
안개 속에 가려진
한번 가면 다시 올 수 없는
베일 속 비밀의 세상이 있다네
세월의 물살 따라 일고지는
유정무정의 인연 끊고
허리 휜 삶 풀어놓고
가야할 세상이 있다네

죽음에 관하여

5)
우리는 때로 생각한다네
경계 저쪽에 있는
시간의 바다
산정의 한 방울 빗물도
숲속의 개울물도 들녘을 적시는 강물도
과거와 현재와 미래가 하나 되는
광활한 시간의 바다
나는 거기서
잃어버린 시간들을 만난다네

6)
그대는 아는가
미지의 바다
그곳엔 내 가슴 속에 불을 지핀
사랑도 미움도 없다네
환희도 분노도 없다네
고독도 절망도 없다네
생각도 느낌도 없는 무의식의 바다
그것엔 우리가 찾아가야할
신비의 궁전이 있다네

죽음에 관하여

7)
어느 날 야삼경 달빛 타고
오뉴월 천둥번개 따라 떠나간 뒤
그들은 돌아오지 않았다네
사람들은 말한다네
강 건너 산 넘어
세월에 가려진 세상은
우리들의 꿈이 살아있는 곳이라네
무소유의 멍에를 벗고
유소유의 넉넉한 세상이 있다네
그대가 꿈꾸는 무지갯빛 씨앗들
가을걷이 하는 곳이라네

8)
어느 날 경계 저쪽에서
나의 우매
나의 치졸
나의 남루를 훌훌 벗고
나의 고독
나의 절망
나의 분노를 불살라
한 줌 재로 털어버릴 수 있다는 것은
신이 내게 준 마지막 선물인가

9)

유한한 시간과 공간 속에
번개처럼 살다가
유성처럼 떠나가는
한 조각 모래알 같은 존재에게
신은 우리에게
적멸의 공간을 열어
휴식과 깊은 잠을 주는가
가없는 우주의 깊은 뜻을
우리는 헤아릴 수 없다네

10)

우리는 때때로 생각한다네
우리가 마지막 가는 길은
다름 아니라
원점으로의 자연회귀
히말라야 산정의 빗방울 하나
바다에서 만나듯
우리는 또 어디서 무엇이 되어 만날까
환생의 부활을 노래한다네

죽음에 관하여

11)
우리는 만날 수 있을거나
먼저 가신 할아버지 할머니
부모 형제 친구들
두 손 잡고 눈 맞추며
이야기 할 수 있을거나
세월 따라 사위어가는 그의 그림자만
내 가슴에 남아
그날을 노래하네
끝 모를 너와 나의 단절이
나를 슬프게 하네

12)
거대한 장막으로 가려진
경계 저쪽 그대의 발길이 닿지 않는
미지의 세계
그대는 두려운가
그대 생각의 붓대가
느낌의 물감으로 그려낸
한 폭의 추상화
그대는 왜 두려워 하는가
그대는 왜 눈물 짓는가
그대는 경계 저쪽 어디쯤에
사랑이 없는 세상
꿈이 없는 세상
생각해 본 적이 있는가

13)

그대는
허무의 경계 저쪽에서
한 세월 보낸 뒤
또다시 그대의 나그네 길은 시작되는가
코스모스 가을 하늘 열 듯
닫힌 마음 활짝 열고 살 수 있는
세상은 어디 있는가
가난 없고
아픔 없고
다툼 없는 세상
오색 무지개다리 놓고
은하 건너 어디쯤에 열려있는
마음속에 살아있는 세상은 없는가

14)

그대여 서러워 마라
경계 저쪽 무의식의 바다에서
색성향미촉법
존재의 낡은 옷 벗고
또 다른 존재의 옷을 입을 때까지
깊은 잠을 자는 곳이라네
그대는 언제인가 긴 잠에서 깨어나
일곱 빛 나래 파닥이며
또 다른 혹성에서
너와 나의 해후
우리가 닻을 내릴 곳이라네.

고독에 관하여

내 안 깊은 곳에서만
가얏고처럼 울려 퍼지는
나만이 들을 수 있는
한 소절의 노래일 뿐입니다

고독에 관하여

1)

내가 이 세상에 태어나면서
고독은 시작되었습니다
고독은 이 세상 어디에나 있었습니다
내가 보고 듣고 느끼고 생각한 모든 것들이
고독 아닌 것이 없었습니다
우리는 다만 문득문득 건망증환자처럼
고독을 잊고 살 뿐입니다

2)

고독은 형상도 빛도 없습니다
고독은 색깔도 그림자도 없습니다
그러므로 나는 당신의 고독을 볼 수 없습니다
당신이 나의 고독을 볼 수 없듯이
우리는 고독을 아슬한 밤 하늘의 별을 보듯
그렇게 볼 수밖에 없습니다

고독에 관하여

3)

우리가 시간 속에 살면서
시간 밖 공간을 생각한다는 것은 고독입니다
우리가 몇 개의 낱말 속에 살면서
낱말 밖 세상을 생각한다는 것은 고독입니다
한 세월 누에처럼 산다는 것은 고독입니다

4)

어느 날 담장 밑의 귀뚜라미가
서럽게 서럽게 울고 있었습니다
나는 귀뚜라미가 왜 우는지 잘 모릅니다
하루 종일 울음을 터뜨리는 귀뚜라미는
밤이면 내 가슴 속까지 파고 들어와 웁니다
그 귀뚜라미 울음소리 들으며
어느 날 눈송이 같은 한설화 몇 송이
뜨락에 피어 있었습니다
나는 왜 그 꽃이 그 곳에 피어있는지 모릅니다
바람이 불고 간 빈 창가에
긴 꽃 그림자 하나 방안에 서성이고 있었습니다

5)

길거리에 구르는 한 개 돌에게도
고독은 있는지요
바람에 흔들리는 가로수의 나뭇잎에도
고독은 있는지요
하루 종일 가없는 하늘로 날갯짓 하는 새들과
이따금 푸른 산야를 노도처럼 달리는 네 발 달린 짐승에게도
고독은 있는지요
그러나 지금 내가 정말로 알고 싶은 것은
아주 높고 높은 곳에 계신 당신에게도
고독은 있는지요

6)

이별이 떠난 뒤에
거기 그림자처럼 남는 것이
고독이라 했습니다
사랑이 떠난 뒤에
거기 상처처럼 남는 것이
고독이라 했습니다
아픔과 슬픔이 패인 곳에
거기 샘물처럼 채워지는 것이
고독이라 했습니다
그러나 그것은
내 안 깊은 곳에서만
가얏고처럼 울려 퍼지는
나만이 들을 수 있는
한 소절의 노래일 뿐입니다

7)
세상을 살아오면서
내가 느낀 것은
이 세상 모든 것은 고독이었습니다
꿈도 사랑도 고독이었습니다
철학도 종교도 고독이었습니다
가난도 예술도 고독이었습니다
자유도 민주도 고독이었습니다
있음도 없음도 고독이었습니다
망망대해 한 가운데
절해고도 불 꺼진 등대처럼
그것은 고독이었습니다
이 세상 모든 것은 고독이었습니다

고독에 관하여

8)
너는 고독을 아는가
어느 날 네가 문득 고독이라 이름 지을 때
이미 그것은 고독이 아니다
한 개 나뭇잎이 바람에 흔들릴 때
이미 그것은 고독이 아니다
눈 덮인 고향 언덕에 찍힌
사슴의 발자국
그것은 이미 고독이 아니다
고독은 고독한 자의 가슴 속 깊은 곳에 있어
시작도 끝도 모르는
칠흑의 강물이 흐르는 아슴한 벼랑 아래 있어
볼 수도 만질 수도 없다
우리는 다만 숙명처럼
서로의 고독을 느낄 뿐이다
저녁, 밤하늘의 가없는 허공처럼
우리는 다만 그렇게 멀리서
장승처럼 서로가 서로를 바라볼 뿐이다

9)
진실로 고독한 사람은
고독을 말하지 않는다
그것은 이 세상 어떠한 말로도 지을 수 없기 때문이다
내가 이따금 찻잔 속에 띄우는 고독은
실은 고독이 아니라 고독을 흉내낸 고독의 그림자일 뿐이다
산 위에 버려진 한 송이 작은 풀꽃과 한 그루 나무 그리고 돌을 보아라
그늘진 세월 찬 이슬 비바람에도 그들은 고독을 말하지 않는다
거리에 남루처럼 서 있는 전신주와 가로수
그리고 거북이등처럼 갈라진 보도블록을 보아라
그들은 가슴 타는 불볕에도 고독을 말하지 않는다
그 위로 세월처럼 흘러가는 한 점 구름과 바람
밤하늘을 가르는 한 줄기 빛살도 그들은 결코 고독을 말하지 않는다
고독은 다만 고독한 자의 가슴 속에서만 소리 없이 일었다 스러지는
저녁노을 같은 것
이따금 천파만파 내 가슴 칼바람처럼 휘젓는
갈매기도 울지 않는 절해고도의 파도소리일 뿐이다
내 의식의 깊은 것에서 아스라이 들려오는
한 소절의 가얏고 소리일 뿐이다
나 혼자만 들을 수 있는…

10)

이 세상엔
떠난다는 말도 없이
떠나는 사람이 있습니다
바람처럼 구름처럼
가슴 속에 묻어둔
말 한 마디
끝내 하지 못하고
다시 만날 수 없는
먼 길로 떠나는 사람들이 있습니다
꽃이 피거나 새가 울 때
비바람이 불거나 천둥번개가 칠 때
노을 꽃 핀 들녘
인적이 끊긴 한밤의 가로등
또는 동구 밖으로 스러지는
유성의 빛 그림자 속에서
끝내 다하지 못한
당신과 나의 말씀을
조용히 떠올려 봅니다

11)

어느날 네가 한 개 돌이 되어
보도 위에 뒹굴 때
그것은 한 개 돌일 뿐이다
네가 바람 부는 날 한 송이 꽃이 되어
내 창가에 흩뿌릴 때
그것은 한 송이 꽃일 뿐이다
어느 날 네가 그것들을 조용히 고독이라 부를 때
그것은 네 가슴 속에 무늬 짓는
한 개 그림자일 뿐이다

12)

세상을 살아오면서
보고 싶은 사람을 볼 수 없다는 것은
아픔입니다
만나고 싶은 사람을 만날 수 없다는 것은
슬픔입니다
그러나 어느 날 그 슬픔과 아픔에 눈물이 되어
메마른 내 가슴에 강물이 되어 촉촉이 적시어도
그냥 그뿐입니다

13)

멀리 떠나간 사람들이
생각납니다
다시 돌아올 수 없는 먼 길로
총총히 또 나간 당신을 생각합니다
이따금 생시에 보듯
떠오르는 당신의 얼굴
당신의 말씀
당신의 미소가 안개처럼 피어오르는 창가에서
돌이킬 수 없는 회한의 시간 앞에서
혼자서 조용히 당신을 불러봅니다

14)

사람은 누구나
고독 하나 가슴에 묻고 산다
들도 새도 나무도 모두 다 잠을 자는 밤이면
내 가슴에 빛 하나 별빛처럼 반짝이고
바람 불고 눈 내리는 세월의 강 구비 돌아
너와 나 일억 광년쯤 떨어진 세상 밖 그 어디에서
매화꽃 벙그는 설레임으로 만날 수 있을거나
잉카의 숲 아틀란티스의 오솔길에서
어느 소녀의 기도소리 들려오는 밤에
나는 두렵다
너는 허공이 되고 나는 바람이 될까 두렵다

선과 악에 관하여

그대는 아시는가
사람들은 자기가 만든 돋보기로
선악을 가름하고
세상을 이야기 한다네

1)

창조주는 자연을 섭리로
우주를 다스리고
사람은 그들의 마음 밭에
선악의 씨를 뿌려
세상을 일군다네
이 세상 모든 것은
선악 속에서 시작하여
선악 속에서 끝나니
선악의 존재 이유
그대는 아시는가

2)

인간의 중심에 선악이 있고
선악의 중심에 마음이 있다네
마음은 날씨와 같아서
조석변개라네
그대여,
선악의 진면목은 어디에 있는 건가
선악은 인간의 마음 밭에 자라는
불가사의 나무라네

선과 악에 관하여

3)

진선미 새 세상 찾아
길 떠나는 나그네여,
누가 우리들 마음 밭에
선악의 씨앗 뿌렸는가
들녘엔 선의 나무들이
숲을 이루고
깊은 산 계곡엔 악의 가시나무들이
하늘을 가리었네
나무 위에 잔나비
희고 검은 열매를 선약이라 즐겼다네

4)

사람들은 말한다네
선은 잠 자는 숲을 깨우는
개울물 소리 같은 것
선은 어둠을 털어내는
숲 속의 샛바람소리 같은 것
선은 새 날을 여는
동산 위 아침 햇살 같은 것이라네
세상을 바라보는 맑은 눈 밝은 귀
지혜로운 마음이 선이라네
그대가 말하는 선의 들녘엔
박애, 자비, 인, 은혜
생명의 열매들이 숲을 이루고
길 잃은 나그네의 보금자리가 된다네

선과 악에 관하여

5)

이 땅에 선악이 있어
그대가 있는 것인가
그대가 있어
선악이 있는 것인가
우리가 사는 세상은
선악의 전쟁터라네
해가 허공에 솟아 서산에 질 때까지
사람들은 황금 투구를 쓴 전사가 된다네
선악과 싸운다네
그대여,
선악세상 사는 것이
행인가 불행인가

6)

선은 우리들 사유와 행위의 귀결점이라네
예로부터
선의 꽃을 피우는 자는
무지개 타고 하늘가고
악의 가시 키우는 자는
천 길 나락으로 떨어진다네
사람들은 세월 타고 흘러오는 그 말씀을
반은 귀를 열고
반은 귀를 닫고 듣는다네

선과 악에 관하여

7)
그대여
산과 들에도 선악은 있는가
강과 바다에도 선악은 있는가
비바람 눈보라 천둥 번개에도 선악은 있는가
선악은 인간의 마음 밭에서 자라는
천 년 노거수라네

8)
그대여 아시는가
나일의 악어
인도양의 고래상어
아프리카의 물소
그들에도 선악은 있는 것인가
시베리아의 불곰
알라스카의 고디악 베어
아메리카의 호랑이
그들의 가슴 속에 이는 본능의 불길은
선악 이전의 것이라네

9)

필요선 필요악을 노래하는 이여
왜 선해야 하는가
왜 악해야 하는가
본시 이 땅엔 선도 악도 없었거니
사람들은 선이오 악이오 하며
한 세상 보낸다네

10)

우리는 선악 속에 살면서
그를 잘 모른다네
때로는 우리의 젖은 가슴
오색 빛으로 감싸주고
때로는 천둥 번개 되어
우리의 눈과 귀를 가린다네
그대는 아시는가
사람들은 자기가 만든 돋보기로
선악을 가름하고
세상을 이야기 한다네

11)
선악은 인간 존재의
소중한 잣대라네
장발장의 빵 한 조각
라스코리니코프의 살의
소냐의 매춘
히틀러의 유대인 학살
징기스칸의 대 장정
그들은 선인가 악인가

선은 힘있는 자의 편에 서서
우리를 슬프게 한다네
선은 간교한 편에 서서
우리를 절망케 한다네
이 땅은 가면의 사회
선의 민낯을 보기 어렵다네
악의 민낯을 보기 어렵다네

12)

눈 내리고 바람 부는 선악의 지평 너머
우리가 만나는 세상은 어디인가
그대여,
선악의 강물 속을 헤매는 자는
하늘을 볼 수 없다네
밤마다 손짓하는
별의 눈빛을 만날 수 없다네
선악의 늪 속에서
세월을 노래하는 자는
새로운 세상을 볼 수 없다네

13)

한 세상 선악 속에 살다가
바람처럼 떠나는 이여
우리가 닻을 내릴 것은 어디인가
우리는 한 잎 낙엽이라네
선악의 바다에 떠도는
하루에도 열두 번
바람에 흔들리는 일엽편주라네

선과 악에 관하여

14)
인간이 가는 길이
선과 악 뿐이던가
선과 악 길을 따라
천당 지옥 가른다네
선악 세상 벗어나면
꿈의 세상 있는 건가
꿈속에서 찾는 세상
어디쯤 있는 건가
나는 밤마다 선악의 지평 너머
새 세상을 생각하네

역사에 관하여

역사는 과거를 위해 있는 것이 아니라
현재와 미래를 위해 있는 것이라네

1)

시간 속에서 태어나
시간 속에서 살다가
시간 속으로 사라지는
우리는 시간 앞에 무엇인가
도도히 흐르는 강물 위에
우리들의 작은 시간들은
현재와 과거와 미래라는 이름으로
흘러가고 흘러오고
그 속에서 피어나는
우리들의 사랑과 꿈은
허공에 흩뿌리는 시간의 물보라
한낱 시간의 허무한 잔상인가

2)

그대는 누구인가
그대는 어디서 왔는가
이 세상에 뿌리 없는 나무가 어디 있으며
줄기 없는 이파리가 어디 있으랴
할아버지와 할머니 아버지와 어머니 아들과 손자
그 끈끈한 핏줄
나라와 겨레가 또한 그러하다

3)

그대는 과거 없는 현재를 본 적이 있는가
현재 없는 미래를 들은 적이 있는가
시간의 강 언덕에 무늬 짓는
그대들의 작은 발자국
그것이 바로 역사라네
역사는 그대의 과거를 들여다볼 수 있는 거울이라네
그 속에서 그대의 잊었던 모습을 찾아보게나
과거는 시간 속에 숨어 있는
소중한 우리의 민낯이라네

4)

역사를 모르는 사람은
자기를 모르는 사람이라네
역사는 그들이 지나온 발자국이요 그림자라네
그 안에 그의 꿈이 있고
눈물이 있다네
역사는 과거를 위해 있는 것이 아니라
현재와 미래를 위해 있는 것이라네

5)

지구 어디쯤
아직도 잠자고 있는 동굴 속의 암벽화
공룡의 화석
해저에 묻힌 도시
지하에 숨은 병마용갱
시간이 버리고 간 파편들
나는 그 속에서 흘러간 세월의
살아있는 숨소릴 듣는다네
나의 사랑
나의 꿈
나의 환희 나의 분노
나의 절망 나의 고독
잊었던 나의 모습을 본다네

6)

밤하늘을 수놓는 별들처럼
살다 간 사람들이 있다
손톱 같은 달도 아기별도 없는 사막에
모닥불을 지피고 간 사람들이 있다
눈 나리는 들녘에
노을을 지피고 간 사람들이 있다
들풀처럼 한세상 살다 간
이름없는 별들이 있다

7)
역사의 한 자락에 금실 은실 수놓은 이름들
알렉산더
시저
징기스칸
나폴레옹
히틀러
그들은 일곱 빛 새 세상을 여는
이 땅의 선지자
이 땅의 개척자
이 땅의 영웅인가
그런가 그런가
우리는 거꾸로 돌아가는
역사의 수레바퀴를 본다네

8)
우리가 사는 이 땅은
반인반수의 세상이라네
신화 속 이야기가 아니라
현실이라네
눈 감으면 들녘 골짜기마다
창검 부딪는 소리 요란하고
한숨과 비탄 소리 그칠 줄 모르는데
시냇물에 설핏 비친
너와 나의 모습
그가 바로 반인반수라네

9)
우리가 사는 세상
청정세월 피로 물든
전쟁의 역사라네
오색빛 푸른 들녘에
빙하기의 칼바람을 일으키고
소생의 아지랑이 푸른 산골짜기에
눈보라를 몰고 오는 이는
누구인가
그가 바로 너와 나라네

10)
아득히 먼 옛날
하늘문이 처음 열리던
신화시대
일곱 빛 무지개로 수놓은 이야기를
한낱 구름 저쪽의 이야기로만 치부하지 말게나
글도 없고 말씀 어둔한 그 시대의 이야기 속엔
그 민족의 얼과 혼이 살아있고
그들의 아름답고 슬픈 이야기 잠자고 있다네

11)
아시아 대륙을 가로질러
해 뜨는 나라 광명의 땅을 찾아 말 달리던
민족 대이동의 이야기를
그대는 아시는가
천산에서 완달까지 환국 오천 년
단군이 백두영봉에 신시를 펴시고
재세이화 홍익 터전 편지 오천 년
일만 년 구비 도는 세월의 강물 따라 달려온
배달겨레의 발자취를
한 번쯤 생각해 볼 일이다

교육에 관하여

사람들은 이웃 탓하기를 좋아한다
배우지 못함도
깨우치지 못함도
남의 탓이라 한다

교육에 관하여

1)

이 세상에 태어나서
제일 먼저 우리가 할 일은
배우고 익히는 일이다
삶이 다하는 그 날까지
농부가 밭을 갈 듯 마음 밭을 가는 일이다
나를 가꾸고 세상을 가꾸는 일이다
러시아의 두옹선생은
우리가 사는 세상은 학교요
우리는 영원한 학생이라 하지 않았던가
배움 앞에 겸손하고 또 겸손할 일이다

2)

배우고 익히면
그 속에 길이 있고
그 속에 빛이 있다
험하고 거친 세상
탓하고만 있을건가
거친 돌도 갈고 닦으면
마천루의 주춧돌 되고
무딘 마음도 일구고 다듬으면
지혜의 보석은 그 속에 있나니
이 세상 가장 강한 힘은
깨우침에 있다네

교육에 관하여

3)
요즈음 우리 교육
갈지 자 걸음일세
가정교육이 그렇고
학교교육이 그렇고
나라교육이 그렇다네
내일의 밝은 세상 꿈꾸는 이여
배워야 사람이 바뀌고
깨우쳐야 세상이 바뀐다는 말
소홀이 듣지 말게
눈 밝고
귀 밝아야
세상을 바로 보네
교육은 백년대계란 말
가슴 속에 두고 사소

4)
무지는 우리의 가슴 속에 그림자처럼 살아있어
불행의 씨앗이 되고
파괴의 도화선이 되네
한 알의 모래알이 강둑을 무너뜨리고
한 개의 불씨가 온 세상을 불바다로 만든다네
그대여,
무지한 자는 무지를 모른다네

5)
무지는 신이 내린
선물인가 형벌인가
예로부터 우리의 역사는 무지의 전쟁 아니던가
배우고 또 익힐 일이다
깨고 부수고 벗길 일이다
무지를 이길 수 있는 것은
오직 지혜 뿐이라네

6)
사람들은 이웃 탓하기를 좋아한다
배우지 못함도
깨우치지 못함도
남의 탓이라 한다
친구여,
임진왜란 정유재란 피맺힌 7년 세월
남의 탓이라 푸념만 할 것인가
우리에게 핵보다 무서운 건 무지라네
일찍이 그리스의 소크라테스는
세상의 무지를 괴로워하고
자신의 무지의 지를 탄하였다네.

말에
관하여

말은 바로 그 사람이라는 말
말은 바로 그 사람의 품격이라는 말
말은 바로 그 사람의 영혼을 엿볼 수 있는 창이란 말
가슴에 새길 일이다

말에 관하여

1)

말 중에 가장 오래된 말은
세상 문이 처음 열리던 날
태초의 하늘 말씀이니
"빛이 있으라 하니 빛이 있고
어둠이 있으라 하니 어둠이 있고
빛과 어둠을 나누어
빛을 낮이라 하고 어둠을 밤이라 하였다네"

2)

이 세상 모든 것은
말씀으로 이루어 지나니
말은 꿈을 낳고 말은 사랑을 낳고
말은 절망을 낳고 말은 눈물을 낳고
말은 기도와 고독을 낳는다네
지혜로운 이는
말의 위중함을 안다네

말에 관하여

3)

말은 진실과 믿음의 토양 위에 피어나는
꽃나무라네
하루에도 열두 번 바람과 물을 주고
은하계에서 건너 온 햇빛을 뿌릴 일이다
옥석도 갈고 닦아야 구슬이 된다는 말
그대는 아시는가

4)

말은 그대를 바꾸고
세상을 바꾼다네
말 속엔 신묘한 힘이 있어
너와 나 사이 닫힌 가슴 열어 주고
깊은 산 숲 속의 이매도 울린다네
그대여
말은 그대 마음 밭을 비추는
거울이라네

5)

말 속엔 영혼의 강이 흐르고
말 속엔 마음 밭으로 가는 길이 있어
그대 가슴 속에 묻어둔
꽃과 무지개 새들의 노래 소릴 들을 수 있다네

6)

무심히 던진 말씀 하나
때로는 가뭄에 대지를 적시는 소낙비가 되고
온 세상 불사르는 불씨가 된다네
말은 겨울 산을 녹이는 봄볕이 되고
꽃잎을 허공에 흩뿌리는 칼바람이 된다네
그대여, 내가 던진 말 한 마디
토씨 하나 씨끝 하나
삼가고 삼갈지라

말에 관하여

7)

그대는 아시는가
날이 새면 거리에 쏟아내는 말, 말, 말들
모난 말 쭉정이 말
병든 말들이 낙엽처럼 쌓이고
사람들은 숲 속의 사슴을 말이라 하고
우리 속 닭을 봉황이라 하네
그대여 개울가에 뒹구는 조약돌을 옥이라 할 수 있는 건가

8)

말과 생각이 하나 되고
말과 행동이 하나 될 때
그 말은 제 모습을 보이나니
말은 바로 그 사람이라는 말
말은 바로 그 사람의 품격이라는 말
말은 바로 그 사람의 영혼을 엿볼 수 있는 창이란 말
가슴에 새길 일이다

아름다움에 관하여

아름다움은
고독을 축복으로
어둠을 빛으로 바꾸는 힘이 있다네

1)
사람들은 아름다움을 찾아
시인은 언어로
화가는 색깔로
무용가는 몸으로
음악가는 소리로 노래한다네
허공에 무지개를 보고
가슴 설레이는 이여
서산에 걸린 낮달을 보고
떠나간 님의 눈빛을 읽는 이여
들녘에 일렁이는 노을의 바다
가슴에 모닥불을 지피는 이여
아름다움은 생각과 느낌이라네
우리들 마음속에 피어나는
꽃과 무지개라네

2)
아름다움이여
누가 너의 신비에 쌓인
천의 얼굴을 말할 수 있으랴
하늘과 땅이 처음 열리고
삼라가 그 모습을 드러낸 그때부터
아름다움은 있었다네
머리 위를 스치는 번개
가슴에 이는 파도
하늘을 불사르는 노을
호모사피엔스의 무딘 손끝에도
그는 살아있었다네

3)
그대는 시린 인고의 세월 돌아
검은 표피를 뚫고 발아하는
생명의 빛
그 경이로운 미동을
만나 본 적이 있는가
이른 새벽 돋보기 추스르며
반야심경 독송하시는 어머니의 목소리는
내 마음에 노을을 지피고
낮게 낮게 흐르는
깊은 산골짜기 개울물 소리는
닫힌 내 마음을 열어주네

4)
아름다움은
균형
절제
조화
질서
그리고 기다림 속에서
그 씨앗은 눈 뜨고
우리들 머리 위에 무지개다리는
하늘로 이어지고
느낌의 광활한 들녘에 피어나는 꽃이라네

5)

신은 인간에게
아름다움을 만날 수 있는
지혜를 주셨다네
아름다운 눈을 가진 사람은
볼 수 있다네
아름다운 귀를 가진 사람은
들을 수 있다네
아름다운 마음을 가진 사람은
만날 수 있다네

6)

만약 이 세상에
아름다움이 없다면
이 땅에 찍힌 인간의 발자국은
어떤 모습일까
나는 크로마뇽의 동굴에서
꿈과 기도 그리고 그리움을 만나고
그의 빛나는 눈빛에서
허공에 걸린 무지개를 보았다네

7)
아름다움은
우리의 가슴을 울리고
우리의 두뇌를 수정처럼 맑게 하는
불가사의한 힘이 있다네
아름다움은
고독을 축복으로
어둠을 빛으로 바꾸는 힘이 있다네

8)
젊은 날 그들이 추구하는 것은
다분히 본능적이라네
그들은 부신 원색의 늪에 빠져
헤어나지 못한다네
그들에겐 경계가 없다네
빛과 어둠 사이
선과 악 사이
지성과 야성 사이
도전과 파괴의 경계를 넘나드는
독선과 오만이여
한 세월 지나서야 보이는
부끄러운 발자국

아름다움에 관하여

9)

옛날 어느 군왕은
아름다움 하나 얻기 위해
나라를 진개통 속에 버리고
영웅호걸은 세상을 하루아침에
불바다로 만든다네
아름다움 하나 얻고 버리기가
그리도 어려웠던가

10)

아름다움이
논리와 만날 때
그 힘은 반감 되고
아름다움이
도덕과 만날 때
그 색깔은 퇴색한다네
진선미의 조화여
그런 세상 만나기 어려워라

아름다움에 관하여

11)
나는 본다네
효녀 심청이는 서해바다 인당수에
연꽃으로 피어나고
양반댁 요조숙녀 옷자락엔
매화꽃이 피어있고
구중궁궐 아낙들은
치마폭에 오색 꼬리 공작이 날고
임금님 곤룡포엔
청룡이 하늘을 날고 있네

12)
아름다움은
신만이 창조할 수 있다네
사람들은 무딘 입놀림과 손재주로
그를 모방할 뿐이라네
예술가는 아름다움을 찾아 찬양하고 노래하는
그의 주변을 맴도는 고독한 순례자라네

마음에 관하여

사랑도 미움도 마음 안에 있다네
분노도 용서도 마음 안에 있다네
탐욕도 오만도 마음 안에 있다네

1)

하늘에서 내려왔나
땅에서 솟았는가
바람 타고 구름 타고
영과 육이 만날 적에
그 중간쯤에
마음 하나 곁에 두고
세상을 열었다네
마음은 색깔도 그림자도 없으나
그 힘은 하늘과 땅에 닿았다네

2)

이 세상 모든 것은 마음이라네
꿈도 사랑도 마음이라네
예술도 고독도 마음이라네
언제나 그 중심에
마음이 있었네
예로부터 사람들은
만물 만사가 마음 지음이라 하였던가

3)

그대 한 조각 마음 따라
한 알의 모래알이 되고
갈대풀이 되고
거리에 뒹구는 낙엽이 된다네
그대 마음 한 번 움직이면
들녘엔 소낙비가 내리고
천둥번개가 치고
강물은 언덕을 넘는다네

4)

마음의 성 안에는
선악시비의 강이 흐르고
그 강가엔 애증미추의 숲이 있고
믿음과 지혜 그리고 오만과 무지의 나무들이
자라고 있다네
우리는 그 마음속에 살다가
마음속으로 사라지는
그림자라네

마음에 관하여

5)

마음은 물이었네
부리도 날개도 없는 물이었네
아래로 아래로만 흐르는
유리알처럼 맑은
산과 들을 적시며 바다로 흘러가는
물이었네
그대여 바람 불고 천둥번개 허공을 흔들면
물은 성난 파도가 되고 해일이 되어
산과 들을 무너뜨린다네

6)

그대 마음의 바다 위에
별빛처럼 어리는
색성향미촉의 그림자들
오색 무늬의 꽃이 되었다가
궁상각치의 가슴 시린 노래가 되었다가
빛살 타고 흘러내리는
하늘 향이 되었다가
가슴 휘돌아 그대 손 끝에 흐르는 노을강이 된다네

7)

마음은 본시 그 민낯을 잘 보이지 않지만
핵보다 무서운 힘을 가지고 있다네
마음은 세상을 만들고
과거와 현재와 미래를 만든다는 말
빈말이 아니라네

8)

사랑도 미움도 마음 안에 있다네
분노도 용서도 마음 안에 있다네
탐욕도 오만도 마음 안에 있다네
치졸도 비굴도 마음 안에 있다네
후회도 포기도 마음 안에 있다네
백팔번뇌가 마음 안에 있다네

9)

내 육신은 악기
내 마음은 연주자
나는 누구를 위해
피리를 부는가
나는 누구를 위해
12줄 가야금을 가슴을 쥐어짜듯
뜯고 있는가

10)

있음도 없음도
그대 마음속에 있나니
슬픔도 기쁨도 꿈도 사랑도
시간 따라 마음의 바다 속에 일고지는
물거품이 아니던가
그대 마음 한 번 돌아서면
칠흑의 밤도
구름 따라 흘러가고
여명의 새벽빛이
눈부신 아침을 연다네

마음에 관하여

11)

마음은 거울이라네
그대 육신과 영혼을 비추는
거울이라네
마음은 날씨라네
개었다 흐렸다
하루에도 열두 번
그 몸짓을 바꾼다네
마음은 그대 영혼에서 흘러오는
청정한 연못이라네
낮에는 청자빛 하늘이 열리고
밤이면 은하의 별들이 내려와
몸을 푸는 곳이라네

12)

그대는 아는가
사랑도 미움도
마음 밭에서 피어나는
꽃과 그림자요
탐욕도 욕망도
활화산 골짜기에서 흘러나오는
불길이요 잿덩이라네
우리의 꿈도 기도도
하늘 향한 몸부림이요
소리 없는 외침이라네

13)
그대는 세상을 품은 우주
그대는 해안가 백사장의 한 알의 모래
그대는 우주를 밝히는 하나의 별
그대는 빛없는 습지 속에 기생하는
한 마리 미생물
그것은 온통 그대 마음의 몫이다
어느 날 너와 나
한 줄기 빛살을 타고
시간 밖으로 떠날 때
연못 속에 그대 꽃 그림자
흔들림이 없기를

14)
그대여
마음 밭을 열심히 갈 일이다
파고 고르고 다듬어서
뿌리를 내리고
물을 주고 햇빛 주어
줄기를 끌어올려
잎을 틔우고 꽃을 피워
탐스러운 열매를 거둘 일이다
들숨 날숨 숨 고르듯
밝고 맑은 마음 세상 열어 볼 일이다

신
뢰
에

관
하
여

신뢰를 잃으면
신의도 의리도 믿음도 없는
세상은 모래 위에 집이라네

1)

이 세상은
혼자만의 세상이 아니라네
너와 나 그가 만난
우리의 세상이라네
예부터 사람들은 인, 의, 지, 신 몸에 익혀
새 세상 일구어 갈제
사람과 사람 사이
소중한 것 신뢰라네

2)

신뢰는
수정처럼 맑은 믿음에서 오나니
믿음의 토양 위에
너와 나 사이 사랑의 꽃이 피고
친구와 친구 사이 우정의 샘이 솟고
이웃과 이웃 사이 무지갯빛 밝은 세상 열린다네

신뢰에 관하여

3)

믿음이 없는 세상에는
한 송이 꽃도 나무도 자랄 수 없다네
믿음이 없는 거리는
애인도 친구도 이웃도 없다네
너와 나 믿음이 없다면
그것은 거짓과 위선의 세상이라네
새 한 마리 날지 않는
황량한 들녘이 된다네

4)

신뢰 없는 세상을 생각해 보게
신뢰는
너와 나 사이에 피어나는
어둠을 밝히는 불씨라네
신뢰는
메마른 들녘을 적시는 강물이라네
신뢰는
여름 날 푸른 하늘 수놓는 청엽수라네
신뢰는
단절이 아니라 소통이라네

5)
사람들은 신뢰의 위중함을 모른다네
빛과 공기와 물의 소중함을 모르듯이
신뢰 없는 사회는
가로등의 불빛도
사람들의 인기척도 들리지 않는
적막한 사회라네
신뢰 없는 사회는
꿈도 미래도 없는
병든 사회라네

6)
우리들의 신뢰가
이해의 칼 끝에 조각나고
부조리의 해일 앞에 무너진다면
이 세상은 사람이 살지 않는
공허한 도시가 된다네
그대는 아는가
본시 인간에겐 동물적인 마성(교활, 우직, 치졸)이 있어
너와 나의 마음 다스리기 쉽지 않다네

신뢰에 관하여

7)
신뢰를 깃털처럼 생각하는 사람은
향기 없는 꽃과 같아서
나비들도 찾지 않는다네
신의를 마파람처럼 흘리는 사람은
숲속의 산새들도 길을 떠난다네
믿음을 헌신짝처럼 버리는 사람은
동산 위에 아침 해는 떠오르지 않는다네

8)
우리가 뿌리내리는 세상은
나만의 것이 아니라네
너만이 것이 아니라네
우리의 것이라네
너와 나의 마음들이
씨줄이 되고 날줄이 되어
우리들 삶의 베 짜기는 시작되고
신뢰의 베틀 위에서
우리들의 가슴 저린 이야기는 시작 된다네

9)
신뢰는
너와 나의 닫힌 문을 열어준다네
신뢰는
유리알 같은 한 조각 마음이지만
신뢰를 잃으면
사랑도 우정도 이웃도 그대 곁을 떠난다네
신뢰를 잃으면
신의도 의리도 믿음도 없는
세상은 모래 위에 집이라네

10)
하나가 둘이 되고
둘이 셋이 되었을 때
비로소 이 거리엔
우리라는 집들이 들어서고
사회라는 세상이 열린다네
너와 나 그 사이에서
목숨처럼 소중한 것은 믿음이라네
그 믿음의 둑 무너지면
불행의 홍수는 들녘을 적신다네

후회에 관하여

그대여
후회는 무지한 자의 것이 아니라
지혜로운 자의 것이라네

1)

어느 날
산마루 구름 따라 먼 길 떠날 때
동구 밖 개울물에 눈물 한 방울 흘리지 않는 이
어디 있으랴
그 어느 날
하현달 달빛 타고 먼 길 떠날 때
허공에 한 보자기 한 숨 흘리지 않는 이 있으랴
시간의 강물 따라
낙엽처럼 떠나는 이여
달빛에 어린 그대 그림자 외로워라

2)

이 세상에 후회 없는 삶이 어디 있으랴
이스라엘의 솔로몬
그리스의 히포크라테스
초나라의 굴원
러시아의 두옹
그 어느날 별빛 타고 이 세상 떠나면서
허공에 흘린 말
오늘 핏빛 노을 되어 서녘 하늘 적시네

3)
사람들은 가슴 속에
지워도 지워지지 않는
상처 하나 안고 산다네
풀피리로 다가오고
눈보라로 찾아 온다네
되돌릴 수 없는 시간 앞에
우리는 가을 들녘의 허수아비가 되고 만다네

4)
그대 한 생을 다 하여도
가슴 속 어디 쯤에 응어리진
독선과 오만
그리고 무지의 토양 위에
한 송이 예쁜 꽃을 피울 수 있을거나
미래라는 가소성을 신뢰하여
백 년 천 년을 기다린들
천상의 열매 하나
거둘 수 있을거나
그대여
인간은 본시 무지한 존재라네

후회에 관하여

5)
그대가 진실로 후회하는 것은
다시 그 길을 걷지 않는 것이라네
내가 세상을 살아오면서
가장 가슴 아픈 일은
내가 지금 가고 있는 길이
내가 꿈꾸는 길이 아니라네
그대여
우리는 흘러간 세월 앞에 자유로울 수 없다네
그대 시간의 강가에서
피리를 부는 이여
미완의 그대 그림자 그것이 후회라네

6)
그들의 비망록엔
후회란 낱말은 없는 것인가
유토피아 노래하던 소크라테스와 프라톤
밝은 세상 꿈을 꾸던 석가 공자 예수
문명세계 한 축 그은 아인슈타인과 노벨
역사의 수레바퀴 뒤로 돌린 히틀러와 나폴레옹
그리고 전장의 괴물들
그들이 남기고 간 발자국엔
한숨도 눈물도 없는 것인가

후회에 관하여

7)

그대여
말씀 하나 가슴에 묻고 사는 이가
어디 그대뿐이랴
후회의 강나루에서
한숨과 눈물 흘리지 않는 이 어디 있으랴
흘러간 시간의 강물 속에 부침하는
그림자 하나 그림자 둘,
어디 그대 뿐이랴
그대 마음이 땅을 울리고 하늘에 닿아도
후회는 되돌릴 수 없다네
비 온 뒤 땅이 굳어지듯
그대 부끄러운 손이 새 날을 열고
거친 들녘에 한 송이 꽃을 피울 수 있다면
후회는 축복 받는 상처가 되리

8)

후회는
약자의 것이 아니라
지혜로운 자의 것이라네
후회를 진실로 후회하는 자는
다시는 그 길을 걷지 않은 것이라네
후회는
잎이 진 허허로운 그 자리
겨울나무 검은 목피에 부활하는
파란 싹이라네

9)
비운다 비운다 하면서
비울 수 없는 것이
우리네 마음이라네
나잇살 먹은 백회색 나이에도
내 마음 밭에 핀 꽃들의 눈짓과 미소
새들의 속삭임을 잊을 수 없다네
그대여
우리가 빈 항아리처럼 비우는 날은
한 조각 구름되어
바람 타고 떠나는 날이라네

10)
눈밭을 지나간 토선생도
그 발자국 남기고
허공에 헤살 짓는 한 점 구름도
강물 위에 그림자 남기듯
우리들은 세월의 구비마다
가슴 속 깊은 곳에
슬픈 이야기 하나 안고 산다네
가을 들녘에 낙엽 태우듯 불을 지피던
회색의 잿더미 속에 새 한 마리 파닥이며
하늘로 날 수 있을까
우리가 어느날 세상을 등지고
안개 속에 가려진 길 떠날 때
그대의 눈빛 속에
말씀으로 다가갈 수 없는 그대 침묵을 보리

11)
후회는 우리들 삶의 부끄러운 그림자
우리는 그 후회의 연속선에서
한 세월 산다네
내 사랑과 땀과 시간들이 녹아있는
희석된 꿈의 조각들
미워할 수만은 없다네

12)
우리가 마지막 길 떠날 때
후회의 눈물 한 방울
흘리지 않는 이 있으랴
우리는 부끄러운 그림자 하나
가슴에 묻고 산다네
그 그림자 그대 가는 길에
꽃이 되어 피어나기를
세상을 살아오면서 가장 불행한 이는
마파람처럼 흘러간 세월을
되돌아 볼 줄 모르는 사람이라네
그대여
후회는 무지한 자의 것이 아니라
지혜로운 자의 것이라네

Ⅱ
사색의 오솔길

하늘의 초침 소리

밤은
하늘의 문을 닫는 시간이 아니라
하늘의 문을 여는 시간이라네
모두가 유령처럼 떠나간 빈 자리에
이제 막 몇 억 광년 밖 별들이 찾아와
내 창을 두드리고
나는 비로소 가슴 속 채워둔 빗장을 푼다
밀물처럼 다가오는 사념의 바다
나는 한 마리 하늘새가 되어 길을 떠난다
무한자유
우주 건너 하늘의 초침 소릴
가슴으로 듣는 시간이다

피읖 삐새

소나무 가지 위에
이름 모를 새 한 마리 날아와
운다
피읖 피 피읖 피
삐삐
나는 그 말이 무슨 말인지 잘 모르지만
항아리처럼 텅 빈 내 가슴에
청옥빛 은하의 강물이 흐른다
시간을 찢는 파열음
탱자나무 골 안영감 댁에 무슨 일이 일어났나
나무와 돌과 풀들이 귀를 연다
산과 들과 강이 눈을 뜬다
너와 나의 만남
나도 한 마리 새가 되어
피읖 피 피읖 피
삐삐 운다

제자리

꽃도 제자리에 있을 때 아름답다
나무도 돌도 새도 제자리에 있을 때 아름답다
바람 부는 그 자리
구름 흘러가는 그 자리
길가 덤불 속이면 어떻고
벼랑 끝 바위틈이면 어떠랴
꽃도 사람도 모든 것은 제자리에 있을 때 아름답다

지금 우리는 어디쯤 가고 있는가

고생대 중생대 신생대의 긴 터널을 지나
우리는 지금 어디쯤 가고 있는가
4차선 8차선 왕대처럼 뻗어나간 고속도로 위로
고생대의 뿔 달린 사람들이 달려가고 있소
중생대의 꼬리 달린 사람들이 달려가고 있소
신생대의 네 발 달린 사람들이 달려가고 있소
그들은 모두 거꾸로 신을 신고 있소
반란하는 빛 역류하는 시간의 강물들이
난파선처럼 시간 속으로 흘러 가고 있소

시간은 지우개

나는 누가 버린
몽당연필인가
바다는 파도를 휘몰아
모래 위에 전세체로 낙서를 하고
지웠다 썼다
새들은 허공에
말줄임표를 찍고
썼다 지웠다
햇살과 바람은 숲속에서
열심히 대비칭 색깔을 칠한다
세상은 도화지
나는 몽당연필
지웠다 썼다
시간은 지우개

건널 수 없는 강

한생을 내 마음 추슬러도
너와 나 사이엔 건널 수 없는 강이 있다네
끝이 보이지 않는 터널이 있다네
숱한 세월 만파식적 피리 불며
그대 가까이 다가가도
나는 그대를 만날 수 없다네
히말라야 산정 햇빛 머무는 암석 사이
나는 한 송이 꽃을 꿈꾸지만
나는 꽃이 될 수 없다네
나는 무한 허공 은빛 날개 파닥이는
하늘 새가 되고 싶지만
나는 날 수가 없다네

한 알의 먼지

무한 광대한 우주 앞에
나는 누구인가
일천억 개의 은하계 줄기마다
일천 개의 태양계 그 빛살마다
불꽃처럼 피어난 혹성들
나는 그 속에 한 알의 모래알
한 알의 먼지
그런가 그런가

절대자유

나는 밤마다 꿈을 꾼다
절대자유의 은빛 날개를 파닥이며
지구를 떠나는 꿈을 꾼다
아침에 태양계의 어느 혹성에서
이슬 한잔 마시고
점심엔 목성 화성 토성 금성 수성
둘레길 돌아
백화요초 흐드러진 숲 속에서
열매 하나 따 먹고
저녁이면 수많은 별들이 강물 되어 흐르는
은하 건너
노을의 바다에서 목욕하고
사랑도 미움도
선악도 시비도 없는
밤이면 보석처럼 반짝이는 별나라
내 꿈이 살아있는
그곳에 가고 싶다

어제인 듯 오늘인 듯

내 가슴에 묻어둔
기억의 문을 열고
밤이면 나에게 다가오는 이가 있습니다
언제나 오늘인 듯 선명한 목소리로 다가오는
낯익은 얼굴들이 있습니다
아슴히 먼 세월 저쪽에서 별빛 타고 내려와
내 가난한 뜨락에
한 보자기 가슴에 묻어둔 이야기를
옥구슬처럼 풀어놓는 이가 있습니다
밤이면 소리없이 왔다가
새벽 이슬 밟고 끝이 보이지 않는 허공 저쪽으로
떠나는 이가 있습니다

현실과 상상 사이

내가 꽃이라 부를 때
너는 꽃이 되는가
네가 바람이라 부를 때
나는 한 줄기 바람이 되는가
내가 너를 그리움이라 부를 때
너는 그리움이 되는 것인가
거리에 뒹구는 낙엽
검은 나뭇가지를 뚫고 눈 뜨는 새싹
푸른 하늘 수놓는 연초록의 신록
산자락 수놓는 불 붙는 진홍의 단풍잎
그대의 민낯은 어디 있는가
현실과 상상 사이
그대의 가슴 속에 묻어둔
그대의 민낯을 보고 싶다

바람 부는 날

그것을 회귀 또는 역류라고 해도 좋소
밖에는 빙하기의 찬바람이 몰아치고 있소
망각 속에 묻힌 선사시대의 동굴들이
긴 잠에서 깨어나고
낯선 사람들이 이매처럼 모여앉아
모닥불을 지피오
해일처럼 밀려오는 말발굽 소리
창과 칼을 든 사내들이
마지막 남은 잉카와 마야의 하늘 계단을
허물어뜨리고 있소
눈 펄펄 얼음 꽁꽁
천지가 동색이오

혼잣말

듣는 사람이 없다
그래서 말하는 것이다
문법도 수사법도 없이
가슴 속에서 튀어나오는 말
덧칠하지 않는
너의 민낯
바람에 흘리는 말
구름에 띄우는 말
듣는 이가 없어서 빛나는 말

한 장의 메모지

어느날 내가 길을 떠날 때
다시 되돌아 올 수 없는 먼 길을 떠날 때
나는 내 작은 메모지 위에
무슨 말을 남길까
내 젊은 날의 우매와 치졸
야생마처럼 날뛰던 세월 속에
포말처럼 일고 지는 수천 수만 개의 부끄러운 낱말들
나는 그 중에서 무슨 말을 하나 건져내어
내 메모지 위에 남길 수 있을까
나는 오늘 아무 것도 적혀 있지 않은 한 장의 메모지를
세월의 강물 위에 띄워 보내고 싶다
나의 그림자를 밟고 간 이들을 위해

당신과 나 사이

당신과 나 사이엔
언제부터인가 벽이 하나 있습니다
보이지 않는 벽이 하나 있습니다
쌓았다 허물었다 다시 쌓는
벽이 하나 있습니다
허물었다 쌓았다 다시 허무는
벽이 하나 있습니다
해가 지고 달이 가도
지워지지 않는 벽이 하나 있습니다

절대시간

시간의 강물따라 떠나간
그 봄과 여름은 다시 오지 않았다
담장 밑에 핀 핏빛 영산홍도 두견새도
다시 찾아 오지 않았다
그날 네가 무심히 던진 말씀 하나,
네가 흘린 노을빛 미소를 나는 다시 만날 수 없다
다만 우리는 다시 돌이킬 수 없는 시간 속에서
생각 하나 구름처럼 띄워 놓고
흘러오고 흘러갈 뿐이다

혼자서 가는 길

우리가 언제인가 가야할 길은
혼자서 가는 길이지요
지구를 벗어난 로켓처럼
낯익은 산야 뒤로 하고
누구와도 동행할 수 없는
혼자서 가야할 눈물의 강이지요
은하를 건너 온 하현달처럼
미지의 세계를 찾아
혼자서 가는 길이지요

꽃잎 같은 그대 그림자

그 어느 날엔
너와 나
은하수 강물 위에 조각배 띄워놓고
강가 모래 위에
아기별들 줍고 있었지
그 어느 날엔
하늘 맞닿은 산마루에
가슴 활짝 열어 놓고
백두대간 곰 새끼들
너와 나 얼싸안고
더덩실 더덩실 춤을 추었지
죽어서도 살아서도 갈 수 없는
아리아리 스리스리 아리랑 고개에서
나는 오늘도
꽃잎 같은 그대 그림자 생각하고 있나니

백아절현

그대가 아름다움을 만나고 싶다면
그대의 눈을 수정처럼 맑게 닦을 일이다
그대는 그대의 눈빛만큼
아름다움을 만날 수 있다네
그대가 천상의 어디쯤에서 흘러나오는
그대 영혼 눈 뜨게 하는
바이올린 소릴 듣고 싶다면
먼저 그대의 마음을 열어 놓을 일이다
본시 아름다움은 그대 마음 속에서 피어나는
향 높은 꽃이 아니던가

색즉시공

색이라 하였던가요
공이라 하였던가요
색도 잘 모르는데
공을 어찌 알겠습니까
우리는 건널 수도 뛰어넘을 수도 없는
회색의 이분법적 벼랑 위에 서서
인연입네 업보입네 합니다마는
모두 군더더기 말씀이지요
색도 공도 없는 세상은
어디인지요
빛도 그림자도 없는 세상은 어디인지요

이파리에 머무는 바람에게

나를 한 송이 꽃으로만 보아 주세요
이따금 굴뚝새 한 마리 무심히 지나가는
들녘 풀숲에 아무렇게나 피어 있는
한 송이 이름 없는 꽃으로만 보아 주세요
그 이상도 그 이하도 나를 보시면 안됩니다
그러면 그것은 나에게 실없는 그리움을 만들어 주니까요
나는 당신의 설레이는 춤사위를 원하지 않습니다
왜냐고요, 당신은 순간 허공을 지나가는 바람이니까요

지구는 돌고 있다

너는 듣느냐
귀 기울이면
아슴히 들려오는
지축을 흔드는
굉음 소리
지구는 돌고 있다
꽃 한 송이
풀 한 포기 없는
허허벌판에
누가 버리고 간 수레인가
흔들리는 수레 위에
수레처럼 흔들리는 사람아
너는 지금
지구의 가쁜 숨결을 듣고 있느냐

하늘 꽃

옥석도 천만번 갈고 닦아야
구슬 하나 되듯이
내 마음 얼마나 갈고 닦아야
하늘 꽃 한 송이
그대 앞에 피울 수 있을거나

미안합니다

나는 당신에게 미안합니다
진심으로 미안합니다
당신에게 눈물을 주어 미안합니다
당신에게 한숨을 주어 미안합니다
서산마루 낮달처럼 떠나는 내가 미안합니다
빈 손으로 떠나는 내가 미안합니다

그리움 하나

저녁 노을이
하루를 지웁니다
갯바위에 부서지는 파도가
세월을 지웁니다
그러나 지워지지 않는 것이 있습니다
내 마음 깊은 곳에
은하의 별처럼 반짝이는
지워도 지워지지 않는
그리움 하나 있습니다

이승 저쪽의 말

단절된 시공의 두께
그 어디쯤에서
사람들은
이쪽을 이승이라 하고
저쪽을 저승이라 한다
그대는 아는가
달 밝은 밤 매화꽃 한 가지
창가에 그림자 질 때
달빛 타고 아슴히 들려오는
그가 보낸 꽃잎같은 말씀을…
차가운 겨울 이겨낸 푸른 보리밭 이랑 새로
파랑새 몇 마리 하늘을 날고
그가 떠난 빈 자리
모란꽃 몇 송이 담 모롱이에 피어나고
시냇가 여울물 소리 하늘 끝을 적실 때
그대는 듣는가
여름은 마파람처럼 지나가고
가을이 불을 지피는 진홍의 산자락에
산울림처럼 들려오는
또는 갈잎처럼 속삭이는
그가 보낸 이승 저쪽의 말씀을
귀 기울여 볼 일이다
내가 이따금 이승의 말을 허공에 띄워 보내듯

산음

바람도 비껴가고
산새도 잠을 자나
태고가 내려앉은 산
산자락 이랑마다
철따라 꽃이야 피지만
허허로운 마음
이곳을 찾는 이 그 누구인고
청산은 떠가는 흰 구름 가리키며
구름처럼 살라하네

부싯돌

옛날 옛적 우리 할매 할배
부싯돌 하나
신주처럼 모셨지
가슴으로 비비고 마음으로 비비고
쑥향나는 모닥불을 피웠지
눈 펄펄 바람 씽씽 부는 날이면
호씨 웅씨 겨울 나던 낭떠러지 동굴 한 켠
새끼들 모아놓고 기도하듯 두 손으로 부싯돌을 부볐지
어둠을 살라 먹는 모닥불을 지폈지

저녁 한 때

나무가 흔들리는 것이냐
바람이 흔들리는 것이냐
흰 갈매기는 바다 위에 검은 그림자를 드리우고
저녁 해는 산마루에 선홍빛 노을을 토하는데
땅이 흔들리는 것이냐
바다가 흔들리는 것이냐
허공에 초승달 떴다

영원과 순간

영원을 나누면
순간이 되고
순간을 이으면
영원이 되는
시간의 비밀을 그대는 아는가
그대 영원을 노래하고 싶다면
순간을 사랑하라
순간 속에
영원의 강물은 흐르고 있나니

빙하기의 꽃

아주 옛날 옛적
얼음 꽁꽁 눈 펄펄 날리는
콜리마 강둑에
다람쥐 한 마리 씨앗 하나 물고 와
동굴 속에 감춰 두었지
그 뒤 강둑엔 바람 불고 비 내리고
눈보라 치는 동안
씨앗의 주인은 어디론가 떠나가고
3만 년 긴 세월 번개처럼 흘러갔지
그리고 오늘 그 씨앗 하나
파란 싹이 가지 뻗고 잎이 돋아
흘러간 시린 세월 무지개처럼 걸어놓고
예쁜 꽃 한 송이 어제인 듯 오늘인 듯
우리 앞에 서 있구나

* 실레네 스테노필라 : 빙하기말인 3만 년 전 씨앗을 조직에서 배양하여 피운 석죽과의 꽃

거울 앞에서

실없는 말씀입니다마는
당신은 세상을 살아오면서
당신의 얼굴을 본 적이 있는지요
아쉽게도 나는 거울 속에서만
나의 얼굴을 볼 수 있습니다
당신도 거울 속에서만
당신의 얼굴을 볼 수 있겠지요
이 나이 되도록 나는 한번도 거울 밖에서
나의 얼굴을 본 적이 없습니다
당신도 거울 밖에서
당신의 얼굴을 본 적이 없겠지요
그런 당신은 누구인가요
바람 불고 눈 내리는 거리에
누가 버리고 간 거울 하나
그 거울 앞에 서서
오늘도 피에로처럼 울고 웃는 나는 누구인가요

단상

내 발길이 닿기 전까지는
세상은 한 장의 백지였습니다
신화 속 설원처럼 펼쳐진
순수 절대공간
거긴 색깔도 모양도 없었습니다
어느날 아주 우연히
내가 처음 너를 보았을 때
거기 산이 솟고 강이 열리고
그 여백 사이로
꽃과 나무가 자라고
하늘로 날아가는 새가 있었습니다
그리고 내 눈물과 고독의 강이 흐르고 있었습니다

징후 또는 예감

모든 것이 소리없이 부서져 내리고 있었다
모든 것이 그림자도 없이 녹아 내리고 있었다
선사시대의 공룡들이 떼지어
시간 속으로 사라진 뒤
시간의 강물은 또 시작도 끝도 없이 흘러가고
시간 밖 어디 쯤에서
또 다른 너와 내가 지평선 저쪽으로
회색의 발자국을 남기며
뚜벅뚜벅 걸어가고 있었다

잊으라

잊으라 하지만 잊을 수가 없습니다
버리라 하지만 버릴 수가 없습니다
당신은 나에게 아픔과 눈물을 주지만
눈물이 있어 당신을 생각하고
아픔이 있어 나는 당신을 잊을 수가 없습니다
언제인가 내가 구름 따라 바람 따라
먼 길 떠나간 뒤
고향 산자락엔 예나 없이 매화 꽃은 피고
굴뚝새는 또 서럽게 울겠지요

제3인간

나는 그가 아니다
당신도 그가 아니다
우리가 찾는 그는
지금 어디 있는가
나는 밤마다 그의 꿈을 꾼다
당신이 그가 되는 꿈을 꾼다

손금

손을 펴면
열리는 세상
나만이 아는 세상이 있다네
북극성 가까운 자리
구름 위에 우뚝 솟은
엄지, 검지, 장지, 약지, 소지봉
기암괴석 오봉산이 병풍처럼 둘러 있고
그 아래 세 갈래 강 줄기는
비단폭 드리운 듯
천리 들녘으로 흘러 가네
허공에 옥구슬 구르는 소리
어디 바람소리 물소리 뿐이랴
봉황의 오색 울음
잠자는 숲을 깨우네
일곱빛 무지개가 하늘다리 수 놓는
청석대 단전 바위
정자 하나 지어 놓고
선도화 붉은 꽃길 누구를 기다리나
숲 속 사이사이
기화요초 빼어나고
밤이면 수정같은 연못 속에

은하계의 별들이 잠깐 쉬었다 가는 곳
그대는 아시는가
하마 천둥 번개 칠라
나는 그만 손을 접네

예술은

예술은 인간이 빚어낸
가장 아름다운 몸짓
문학 음악 조각 회화 무용-
신과 인간의 커뮤니케이션
새로운 세상으로 가는
신비의 오솔길이라네

내 마음 흔들릴 때

매화꽃 한 가지 그림자 짓는 창밖 달빛에
눈을 씻을 일이다
구수산 수리봉 솔밭 뻐꾸기 소리에
귀를 씻을 일이다
칠산 앞바다 해일처럼 밀려오는 파도에
가슴을 씻을 일이다
한 백 년 내 마음 씻고 또 씻으면
은하의 별 찾아가는
노을의 강 건널 수 있을꺼나

파도의 말

내가 사는 답동 앞바다엔
밤이면 별빛 타고 흘러오는 말씀이 있습니다
미라처럼 누워 있는
갯바위에 부서지는 순백의 눈물같은 말씀이 있습니다
지구 위에 푸른 숲을 수 놓은
육대주에 뿌린 빗물이 모여
개울물이 되고
그 개울물이 강물이 되어
만나는 곳,
세월 따라 피고 지는 이 땅의 꿈과 사랑이
파도 되어 너울대는
과거와 현재와 미래가 공존하는
어머니의 품 속 같은 바다
그 어디 쯤에서
그대는 보는가
새벽녘 물안개처럼 번지는
파도의 한숨소리
고즈넉한 해변가
조약돌과 몸 부비며 속삭이는 파도의 몸짓
한낮의 찬란한 파도의 미소
절해고도 천길 벼랑 아래 하얗게 부서지는 파도의 절규

비 오는 날의 파도의 침묵
그대는 아시는가
파도와 파도가 몸 부비며 풀어내는
가슴 저린 이야기를
어제인 듯 오늘인 듯 우리네 숨은 이야기
파도되어 살아 있거니

보이지 않는 길

숲 속을 지나는 바람에도
길이 있습니다
허공을 떠도는 구름에도
길이 있습니다
그러나 당신의 마음 밭에 한 세월 일궈온
당신의 꿈과 사랑이 가는 길은 어디인가요
어느날 밤 하늘에 스러지는 한 줄기 유성처럼
지친 당신의 영혼이 가는 길은 어디인가요

Ⅲ
세속풍경

껍데기

벗길 일이다
벗기고 또 벗길 일이다
살이 터지고 심줄이 멍들도록
벗기고 벗길 일이다
열여섯 관貫 네 몸뚱아리에
반역의 시퍼런 비수를 꽂아라
광란의 철퇴를 내리쳐라
벗겨도 벗겨도
남는 것은 껍데기
빛바랜 일상들을 껌처럼 씹으며
우매와 치졸을 독주처럼 마시며
껍데기의 껍데기 그 껍데기로만
한세상 살아야 하는가
벗길 일이다
벗기고 또 벗길 일이다
하늘을 벗기고 땅을 벗기고
산을 벗기고 들을 벗기고
온 세상을 벗길 일이다

가면

1)
사람들은 가면을 좋아한다
민낯보다 더 민낯처럼 보이는 가면들
정치가 예술가 학자 기업가 목사 스님이 그렇다
108개의 가면
모두 웃는 얼굴이다

2)
아침이면 내가 맨 먼저 하는 일은
화장을 하는 일이다
나의 민낯을 저만치 밀어두고
배우처럼 열심히 분장을 하는 일이다
거리엔 가면을 쓴 사람들이 활보하고 있다
가면과 가면이 만나 인사하고
가면과 가면이 만나 악수하고 차를 마신다
시종 웃음을 지으며
진지하게 굴곡진 세상 이야기를 나눈다
저녁이면 거울 앞에서 화장을 지우고
민낯같은 가면을 벗으면
드디어 드러나는 나의 민낯
어쩐지 내 얼굴이 낯설구나

3)
세상은 가면 투성이
김씨 이씨 박씨가
가면을 쓰고 춤을 춘다
정씨 양씨 조씨가
가면을 쓰고 연설을 한다
가면을 쓰고 사는 사람들
치졸과 우매와 위선을 청동 가면 속에
감추고 사는 사람들
가면들이 웃고 있다
자기 얼굴 자기 민낯을 감추고 사는
이 땅은 얼굴 없는 유령사회

새들도 반말을 한다

해질 무렵
숲 속 고요를 깨고
이름 모를 새들이 날아와
씨'씨'씨'
혀 짧은 목소리로 반말을 한다
온말이 아닌 반말을 한다
누가 그의 작은 가슴에
불을 지폈나
화를 내면 마음은
온통 재가 되는데
씨'씨'씨'
불씨 돋친 반말을 한다

죽어 있는 말

스님은 마음을 비워야
길이 보인다고 한다
신부님도 목사님도 마음이 가난해야
하느님의 복을 받는다고 한다
교수도 정치가도 예술인도 화두처럼 앞세우는 말은
마음을 비우고 가난해야
좋은 세상이 온다고 한다
그런데 나는 왜 구구단처럼 쉽게 흘러나오는 이 말을
내 이웃에게 하지 못하는 것일까

전화

핸드폰을 든다
전원을 켠다
어디로 할까
한 십리 쯤 줄개미처럼 이어진
그 숱한 이름 가운데
오늘 내가 찾는 이름은 없다
이 세상에서 내가 혼자라는 것을
가슴으로 느끼는 시간이다

작가

요즈음 작가들은 참 이상하다
소설가는 소설을 쓰고
시인은 시를 써야지
철학자나 시민운동가 행세를 한다
작품보다 이름이 앞선 사람들
참 이상하다
학자 청지가 종교인
이 세상엔 그런 사람들이 많다

도시비상

날이 갈수록 거리의 냄새가 이상하다
거리의 색깔이 이상하다
그 위로 걸어가는 사람들의 몸짓이 이상하다
가만히 거리의 숨소릴 들어 보게나
거리의 맥박을 짚어 보게나
아무리 봐도 이국 풍경 같은 거리에
쏟아지는 햇볕과 바람들이 예와 같지 않구나
이제 건강한 사람들은 떠나가고
병든 사람들은 떠나가고
거리엔 바랜 색종이 같은 하늘만이
우리의 머리 위를 깃발처럼 펄럭이고 있다

양귀비 꽃

김처사 집 텃밭에 피는
양귀비 꽃
핏빛이다
뿌리 속에 폭풍을 몰고 다니는
마성
언제 터질까 두렵다

빈자리

너는 나에게 꽃이었다
하늘에서 구름 타고 내려온 한 송이 꽃이었다
나는 너에게 아스라한 시공에서
몇 억 광년 유성을 타고 내려온
한 마리 나비였다
한 세월 금실 은실 오색 실로
삶의 베를 짜던 그 자리
너와 내가 서 있던 그 자리
이제 바람이 불고 눈이 내리는구나
이 세상 어디에도 너와 나는 없고
텅 빈 들녘에 철 지난 허수아비 하나 서 있다

윤리의 성

귀 기울이면 들린다
거대한 성벽이 무너져 내리는 소리
지층이 천길 벼랑으로 가라앉은 소리
물과 불로 휩쓸려간 윤리의 성
그 생명의 강엔 물이 마르고
거리엔 살아있는 말들이 죽어가고 있었다
죽어있는 말들이 살아나고 있었다
사슴을 말이라 하고 흑을 백이라 하는
사람들이 목 놓아 사랑을 노래하고
자유 민주 평화 정의를 소리 높이 외치고 있었다
인간이 인간이길 바라는
그 윤리의 성이 무너져 내리고 있었다

송판 이야기

송판 속에는 우리가 잃어버린 이야기가 있다
아스라이 흘러간 세월 너머
바람 불고 비 오는 소리 들리고
천둥 번개 소리 들린다
산새 소리 들리고 개울물 소리도 들린다
가슴 속에 꼭꼭 숨겨놓은 일기장
귀 기울이면 들린다 꽃 지는 소리도 들리고 낙엽 구르는
소리도 들린다

송진내 꽃향기처럼 풍기며
시간 저쪽으로 흘러간 흔적들이
선사시대의 암각화처럼 그의 살 속에서 살아나고 있었다

늙음은 죄가 아니지 않느냐

모두가 떠나버린 빈 들녘에
지는 해의 노을을 줍는 자여
굴곡진 세월의 강물 위에
페트병처럼 흘러가는
너의 마지막 종착역은 어디인가
갈대 풀 피리소리처럼 서걱이는 언덕에
간도 쓸개도 떼어놓고 서 있는
허수아비여
세월 앞에 당당하라
황량한 머리 위로 흰눈이 날리고
주름진 이마에 바람소리 차가워도
너에게도 야생마처럼 광야를 치닫던
꿈이 있었거니
너는 오늘 당당하라
늙음도 허물인가
늙음은 죄가 아니지 않느냐

이명

밤마다
아스라한 의식의 한 끝에서
들려오는 바람 소리
물 소리
세월의 업보인가
절해고도 밤바다에 울려 퍼지는
단장의 피리소리
나잇살이나 먹은 사람은 안다
흘러간 세월을 뒤집어
추억을 불사르는 저 소리

윤리의 성

산이 흔들리고 있다
강이 흔들리고 있다
들이 흔들리고 있다
망망대해의 파도처럼 하늘과 땅이 흔들리고 있다
성곽이 무너져 내리고 있다
누각들이 낙엽처럼 나뒹굴고 있다
사람들이 살지 않는 윤리의 성

헛살이

눈 깜짝할 사이
문풍지의 마파람처럼 흘러간 세월
이제와 생각하니
헛살아도 크게 헛살았다는 생각이 든다
불혹의 나이에도
내 마음은 갈대처럼 흔들리고
지천명 오십에도 세상사는 이치를 깨닫지 못하고
허공에 빈 수레만 굴리었구나
부끄러워라
나이 이순이 되도록 내 머리 위에
천둥 번개 소리 그치지 않고
인생칠십불유거란 말은 먼 나라 사람들의 이야기던가
내 생각 내 뜻 하나
제대로 추스르지 못해
그 숱한 세월 겨울 샛강의 폐수처럼 흘러만 왔구나

화장

이제 네가 할 수 있는 것은
버리는 일이다
네 육신의 머리끝에서 발끝까지
하나도 남김 없이
버리는 일이다
용암처럼 이글거리는 시뻘건 불길 속에
불이 되거라
재가 되거라
네 영혼의 순수만 별처럼 걸어두고
한 점 바람이 되거라
구름이 되거라
서해바다 칠산 앞 바다에
잠간 쉬었다 가는
노을이 되거라

야생화

1)
야생화가 사는 마을엔 울타리가 없다
야생화가 사는 마을엔 지붕이 없다
머리 위로 아슴한 지구 밖 은하로 가는
하늘 한 칸 열어놓고
여린 가지 끝에 노을같은 꿈 하나 걸어놓고 산다

2)
야생화가 사는 마을엔 법원이나 방송국으로 가는 길이 없다
야생화가 사는 마을엔 병원이나 교회에 가는 길이 없다
찬이슬 비바람이 풀섶에서 춤을 추는
우주가 버리고 간 공간 한 자락에
별빛 같은 그리움 하나 심어놓고 산다

바람

한 겨울 답동 앞 바다에 부는 바람은
울음이었다
끝이 보이지 않는 사막 한복판에 달을 보고 울부짖는
승냥이들의 울음이었다
나무와 만나면 나무와 같이 울고
갈대와 만나면 갈대와 같이 울고
주인 없는 집 문풍지와 만나면
문풍지와 같이 운다
나는 왜 그 바람이 겨울이면 답동마을에 와
목놓아 우는지 모른다

칠산 낙조

초사흘 낮달이
서산을 지날 때
칠산 앞 바다엔
질펀히 쏟아낸
각혈이 있었소
가슴 속에 감추어 둔
반란하는 피의
선홍빛 몸부림
그것은 진하디 진한 우리네 삶이
녹아내린 빛이었소
누가 버리고 간
순혈의 눈부신 바다

단상

바람은 바람이군요
동구 밖 느티나무 이파리들이
미소를 던집니다
바람은 바람이군요
파란 하늘 이고 선
코스모스 꽃잎들이 하늘거립니다
바람은 바람이군요
청산은 가부좌를 틀고
하루 종일 요지부동입니다

교과서

이 세상에서
가장 훌륭한 교과서를 만나려거든
시골로 오시오
사랑을 배우려거든
박토 속에 생명의 씨앗 싹 틔우는
투박한 농부의 손끝을 보시오
그리고 땀의 위대함을 알려거든
황금빛 파도 일렁이는
가을 들녘을 보시오
그 뿐만이 아니오
삶의 지혜를 익히려거든
봄 여름 가을 겨울
풀 한 포기 나무 한 그루 새와 꽃들의
은밀한 몸짓을 보시오
이 세상 모든 것은 멀리 있는 것이 아니라
아주 가까운 곳에 있었소
세상 이치를 알려거든
철창으로 둘러싸인 학교 도서관이 아니라
물소리 새소리 들려오는
시골로 오시오

고독을 앓고 있는 마을

내가 사는 마을엔
사람이 없다
갓난 아이의 웃음 소리도
노인들의 기침 소리도 들리지 않는다
길 잃은 구름 몇 점 산마루에 머물다 가고
산새들도 저만치 비켜가는 마을
바람 불고 비 내리는 날이면
담장 밑에 꽃 한 송이 나비처럼 하늘거리는
고독을 앓고 있는 마을

구수회의

오늘은 아침부터 답동 앞바다에
노란 부리 흰 갈매기 떴다
파도가 구슬처럼 흩뿌리는 갯바위에
칠산도 송이도 낙월도 각이도 갈매기들이
오손도손 모여 앉아
구수회의가 한창이다
무슨 사연일까
바람 많고 모래 많은 하사리의
외로만 돌아가는 하늘 시계 이야기일까
아니면 지구이상기후를 논하는 자리일까
눈빛으로 말하고 가슴으로 전하는
삿갓 쓰고 도포 입은 장로 갈매기들
오늘 답동마을 청동색 갯바위는
온통 부신 백합꽃 정원이다

길을 가다가

길을 가다가
산을 만나면
산이 되어 보세요
바람소리 새소리 물소리도 좋지만
천 년 가부좌 튼
산의 숨결도 느껴보세요
길을 가다가
강을 만나면
강이 되어 보세요
강가 갈대숲에 잠자리 송사리 떼 물장구치는
풍광도 좋지만
옥빛 하늘아래 낮게 낮게 흘러가는
강물의 속마음도 읽어 보세요

코스모스

찬이슬 내리는 가을이면
천상의 청옥 빛 하늘 한자락 머리에 이고
조용히 내 창을 두드리는 이가 있습니다
분홍빛 원피스에 옥색 머플러 날리며
가난한 내 뜨락에 낮달처럼 찾아와
하늬바람 하늘대는
속없는 여자
나도 오랜만에 세월의 남루 한자락 구름 위에 띄워 놓고
그의 가슴 적시는 뜨거운 노을 될거나

불청객

이따금 나는 나의 출신을 생각해 본다
아득한 세월 속에 묻힌 빙하기의 어느 동굴에서
한 톨 민들레 풀씨처럼 날아왔는지
아니면 은하계의 어느 강가에서
한 개 떠돌이별로 흘러왔는지
나는 잘 모른다
내가 사는 이 세상은 언제 보아도 낯설다
사람들이 오가는 이 거리와
내가 자주 만나는 사람들의 말씀들이 낯설다
나는 누가 파지처럼 버린 이 땅의 불청객인가
들녘 끝에서 불어오는 바람이 차다

어느 가을날

귀뚜리는 섬돌 밑에서 울고
내 창가에 코스모스 그림자 드리울 때
옥색 하늘에 구름 몇 점 풀어
시를 쓰는 이는 누구인가
그리움에 취해
글씨는 초서체로 흔들리고
가슴은 눈물이 되어
칠산 앞 바다에 파도를 부르는 이는
누구인가

귀 하나 열어놓고

마음이 울적한 날이면 산에 올라 귀 하나 열어놓고
저 소리를 들어 보게나
꽃잎처럼 살포시 눈을 감고
시작도 끝도 없이 아득한 허공에서 들려오는
저 소리를 들어 보게나
피리소리인 듯 가얏고 소리인 듯
솔바람 타고 들려오는
저 소리는 누구의 말씀인가
내 살과 뼈가 녹아 흐르고
내 영혼이 달빛처럼 녹아 흐르는
이승인 듯 저승인 듯 아슴히 들려오는
저 소리는 누구의 노래인가
빛도 형체도 없이 뜻도 내음도 없이 내 가슴을 휘도는
저 소리를 들어 보게나
억겁을 돌고 돌아 삼천세계 어둠을 여는 빛으로
멀고 먼 곳으로부터 들려오는
천상의 가락같은 저 소리를 귀 하나 열어놓고
들어 보게나

접소새

구름도 저만치 돌아가는
대나무 골 박노인 집에
이름 모를 새 한 마리
날아와 운다
무엇을 접으라는 것인지
"접소"
"접소"
운다
기다림을 그만 접으라는 건지
노을처럼 피어오르는
그리움을 접으라는 건지
서럽게 운다
"접소"
"접소"
접소새 운다

파도의 말

파도가 울고 있었다
답동 앞바다에 파도가 울고 있었다
파도는 가슴을 풀고 밤새도록 내 곁에 와 울고 있었다
세월 저쪽에 묻어둔
나의 한숨인가
나의 눈물인가
파도는 나의 가슴 속에 들어와 울고 있었다
통곡하듯 넋두리하듯 울고 있었다
파도야, 파도야,
지금 내가 우는 것이냐, 네가 우는 것이냐
황산구미 답동갯바위가 가슴으로 듣고 있었다
수리봉 산자락의 나무와 풀과 돌들이 온몸으로 듣고 있었다

빗소리

남쪽에서 바람이 몰고 온
점 하나
점 둘
들녘의 지친 나무와 잎들이
오랜만에
정인처럼 속삭이고 있다
점 셋
점 넷
쏟아지는 점들
산과 강과 들이
거북이 등을 털고
일어서고 있다
천둥 번개 소리에 눈을 뜨고
파랗게 일어서고 있다
천지인이 함께 녹아내리는 교향곡
아침부터 가슴 열리는
빗소리

어른은 어린이의 아버지

아이야
사랑하는 아이들아
10년 후 20년 후의 너의 얼굴을 보려거든
나를 보아라
성형도 교정도 하지 않은
나의 얼굴을 보아라
30년 후 40년 후의 너의 얼굴을 보려거든
늦가을 낙엽이 추억처럼 쌓이는 산자락에
등굽은 겨울나무를 보아라
그것이 세월 속에 빛바랜 너의 민낯이란다

담배꽁초

1)
어느날 한 사내가 허공에 던진
꽁초 하나
한 줄기 포물선을 그으며
추락하는 자유를 본다
날이 새면 거리에 쌓이는
주검을 본다
나는 이곳에서 한 줌 재로 사라진
폼페이시의 유황내 나는 문명을 읽는다

2)
언제부터인가
이 세상엔 버리는 자와
줍는 자가 공존한다
부조리한 공간
언제나 버리는 자는 버리고
줍는 자는 줍는다
다만 버리는 자는 하늘을 향해 고개를 들고
줍는 자는 땅을 향해 허리를 굽힌다

시엄씨 밑닦개

이 말은 칠팔월 뙤약볕에
호미든 시골 아낙의 바람에 흘려버린 푸념이것다
칡넝쿨 같은 줄기와 가시 돋친 몸뚱아리로
여름농사 난도질하는 못난이 풀
시엄씨 밑닦개
왜 하필이면 밑닦개인가
최초의 발설자인 이 땅의 며느리에게 물어볼 일이다
시어머니와 며느리가 풀어내는 긴 이야기
줄기마다 그 가시 따갑다
며느리의 미움과 서러움이 얼음처럼 얼녹는
호미 끝에 뽑히고 채이는 시엄씨 풀, 어중이풀
시엄씨 밑닦개

다름 아니다

배운 자와 못 배운 자는 다름 아니다
어느날 배운 자가
무지의 칼날을 망나니처럼 휘두를 때
못 배운 자가
지혜의 햇불을 높이 들고
북극의 별처럼 어둠길 열 때
배운 자와 다름 아니다
있는 자와 없는 자는 다름 아니다
있는 자가 먹고 또 마시어도
허기와 갈증을 느낀다면
없는 자와 다름 아니다
없는 자가 콩 한 쪽 빵 한 조각이라도
나누어 먹는다면
있는 자와 다름 아니다
모든 것은 둘이 아니라 하나다
마음의 바다 위에 포말처럼 일고 지는

내 가슴 속에 살아 있는 사람들

내 가슴 속엔 이미 세월 밖으로 떠나간
사람들이 살고 있다
삼사월이면 목련처럼 화사한 얼굴로
내 가슴 속에서 뚜벅 뚜벅 걸어나오는
사람이 있다
샛바람을 타고 온 햇살들이 양탄자처럼 깔린 공원 벤치에 앉아
오늘인 듯 어제인 듯 이야기하는 사람
김씨 이씨 박씨의 화안한 얼굴이 있다
비 오는 날이면
구수산 솔밭에 꼭꼭 숨겨둔
양씨 강씨 노씨의 속내를 실타래처럼 풀어내는
내 가슴 속에 살아 있는 사람이 있다

흘리거라

흘리거라
흘리거라
모두 다 흘리거라
네 가슴에 맺힌 한숨 말씀으로 풀지 말고
파도에 흘리거라
바람에 흘리거라
칠산도 휘돌아 답동 갯벌에 부서지는
파도에 흘리거라
구수산 수리봉 솔밭에 몸을 푸는
마파람에 흘리거라
사랑도 미움도 가슴 속 쌓인 앙금
칠산 앞 바다 노을에 흘리거라
전라도 영광땅 진달이섬 달빛에 흘리거라

찢어진 깃발

사람은 태어나면서부터 깃발 하나 꽂고 산다
하늘이 가까운 산자락 어디쯤에
바다가 보이는 들녘 어디쯤에
깃발 하나 꽂고 산다
바람 불고 눈보라 치고 천둥번개가 가슴을 후려쳐도
깃발은 전쟁터에 꽂힌 포연 속의 장군기처럼
흰 눈 쌓인 마을 앞 공터에 우뚝 선 솟대처럼 당당하다
긴 세월 햇빛에 바래고 달빛에 젖어 그 빛을 잃었어도
깃발은 아름답다
그대는 아는가 구름에 띄우고 바람에 흘리는
깃발의 가슴 속 이야기를,
이제 세월 속 찢어진 깃발의 주인은 가고
깃발은 혼자서 허공에 나부끼고 있다

그가 보인다

망각의 강물따라
흘러간 세월
이제 그가 보인다
멀리 있으니
비로소 그가 보인다
서산마루 비켜가는 낮달처럼
그가 보인다
저녁하늘 불사르는 뜨거운 노을로
그가 보인다

낙엽에 관하여

구름 타고 흘러왔나
바람 밟고 달려왔나
김노인 집 앞 마당에 뒹구는
이파리 하나 둘 눈을 뜬다
어디서 본 낯익은 얼굴인데
묵묵부답이다
버릴 것 다 버리고
비울 것 다 비우면 만나는
우리들의 민낯인가
그러나 그대여 잊지 말자
가슴 저리도록 파란 하늘 아래
진초록의 그대 모습
새 세상 열었거니
한여름의 녹색혁명
그대 당당함을 기억하리

잡초

하늘로부터 생명의 빛 받아
이 땅에 태어났거니
사람들은 나를 잡초라고 괄시하나
들녘 버려진 박토 위에
뿌리를 박고 사는 것이 죄라면 죄이로다
바람 불고 천둥치는 날이면
허리 굽혀 동으로 눕고 서로 거꾸러지는
나를 보고 뼈대 없고 창아리 없는 놈이라고 비웃을지 모르나
그 때마다 나는 땅 속 깊이 뿌리를 박고
흙덩이 핥으며 내일 다시 일어설 날을 다짐하나니
어느 집 양반네의 화단가에 피어 있는
장미나 백합만이 지존이 있는 것이 아니라
사람들이 아무 쓸데기 없는 목숨이라고
업신여기는 나에게도 지존은 있나니
다만 때와 자리를 잘못 만난 탓이로다
대저 하늘이 내린 이 땅은
풀과 나무와 날짐승과 들짐승들이
함께 살아가는 귀중한 삶의 터전이거늘
유독 만물의 영장이라 자칭하는 인간들은
내편 네편 편 가르고
내 땅 네 땅 금을 긋고

봉건시대 제왕처럼 귀한 목숨 유린하니
틈만나면 들에 나와 비수같은 호미 날과 철퇴같은 곡괭이로
나를 찍고 나를 베고 그것도 모자라서
뿌리째 뽑아내어 허공에 내동댕이치니
그 포악함이 이를 데 없도다
본래 내 체신은 작고 보잘 것 없고
꽃 한 송이 열매 한 톨 거둘 수 있는 재주 없으나
뜨거운 햇빛과 거친 비바람이 몰아쳐도
열 번 눕고 열 번 일어서는 굽히지 않는 성깔과
핍박할수록 땅 속 깊이 뿌리 내리는
끈기와 오기 하나로 풍진 세상 살았거니
사람들은 그러한 나를 보고
지독하고 어리석은 자라고 혀 내밀지 모르나
내 가슴 속엔 그대들 보다 더 푸르고 그대들 보다 더
뜨거운 피가 흐르고 있음을 말 없는 청산은 알리로다

삽화·표지화 | **이 정 남 화백**

한국미협 서양화 분과 회원. 무등미술대전 입·특선.
무등일보 연재 소설 삽화. 개인전 7회.

오명규 시선집(6)
연대시 인생 12 진법
인 쇄 2023년 5월 25일
발 행 2023년 6월 1일
지은이 오 명 규
펴낸이 박 형 철
편집총괄 박 미 라
편 집 국 진 경
펴낸곳 (사)한림문학재단·도서출판 한림
     61488 광주광역시 동구 백서로125번길 11(금동)
     (062)226-1810(代)·3773 FAX 222-9535
     E-mail hanlim66@hanmail.net
     출판등록 제05-01-0095호.(1990. 12. 14.)
     공보처등록 바1717호.(1992. 6. 2.)

ⓒ 오명규, 2023
값 12,000원
ISBN 978-89-6441-505-4 03810

* 이 책의 판매처 : 서울 교보문고

* 이 책의 저작권은 저자에게 있습니다.